AF219186

Impressum
Verlag: BABADADA GmbH, Nedderfeld 112 , 22529 Hamburg
Geschäftsführer / Verlagsleitung: Harald Hof
Druck: Books on Demand GmbH, In de Tarpen 42, 22848 Norderstedt

Imprint
Publisher: BABADADA GmbH, Nedderfeld 112 , 22529 Hamburg, Germany
Managing Director / Publishing direction: Harald Hof
Print: Books on Demand GmbH, In de Tarpen 42, 22848 Norderstedt

school

مدرسه

delen
تقسیم کردن
186/2
klaslokaal
کلاس درس
bord
تخته
speelplaats
leerkracht
معلم
papier
کاغذ
schrijven
نوشتن
pen
خودکار
bureau
میز تحریر
liniaal
خط کش
boek
کتاب
leerling
دانش آموز

schooltas

کیف مدرسه

pennenzak

جامدادی

potlood

مداد

puntenslijper

تراش

gom

پاک کن

tekenblok

دفتر رسم

tekening

طراحی

verfborstel

قلم مو

verfdoos

جعبه ی آبرنگ

schaar

قیچی

lijm

چسب

werkboek

کتاب تمرین

huiswerk

تکلیف خانه

nummer

رقم

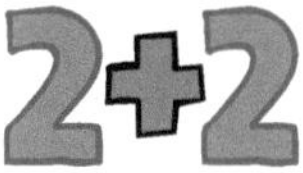

optellen

جمع کردن

aftrekken

تفریق کردن

vermenigvuldigen

ضرب کردن

rekenen

محاسبه کردن

letter

حرف الفبا

alfabet

الفبا

woord

کلمه

tekst

متن

Lezen

خواندن

krijt

گچ

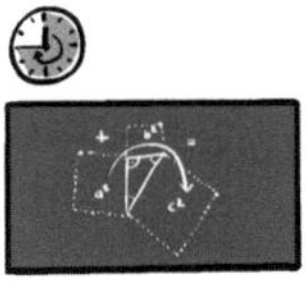

les

درس

klassenboek

ثبت نام

examen

امتحان

certificaat

مدرک رسمی

schooluniform

لباس مدرسه

onderwijs

تحصیلات

encyclopedie

دانشنامه

universiteit

دانشگاه

microscoop

میکروسکوپ

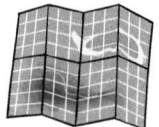

kaart

نقشه

papiermand

سبد کاغذ باطله

hotel
هتل

Grand

jeugdherberg
مسافرخانه

ROOMS

wisselkantoor
صرافی

EXCHANGE

koffer
چمدان

auto
اتومبیل

Taal
زبان

ja / nee
بله / خیر

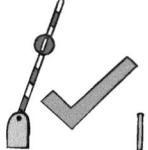

oké
اکی

hallo
سلام

vertaler
مترجم

bedankt
ممنون

Hoeveel kost ...?

قیمت ... چه قدر است؟

Ik begrijp het niet

من متوجه نمی شوم

probleem

مشکل

Goedenavond!

عصر بخیر! / شب بخیر!

Goedemorgen!

صبح بخیر!

Goedenavond!

شب بخیر!

Tot ziens

خدانگهدار

richting

جهت

bagage

بار سفر

zak

کیف

rugzak

کوله پشتی

gast

مهمان

kamer

اتاق

slaapzak

کیسه خواب

tent

خیمه

toeristeninformatie

مرکز راهنمای گردشگران

strand

ساحل

kredietkaart

کارت اعتباری

ontbijt

صبحانه

lunch

نهار

avondeten

شام

ticket

بلیط

lift

آسانسور

postzegel

مهر

grens

مرز

douane

گمرک

ambassade

سفارتخانه

visum

ویزا

paspoort

گذرنامه

transport

حمل و نقل

vliegtuig
هواپیما
schip
کشتی
brandweerwagen
ماشین آتش نشانی
bus
اتوبوس
vrachtwagen
کامیون
motorboot
قایق موتوری
fiets
دوچرخه
auto
اتومبیل

veerboot

....

کشتی مسافربری

boot

....

قایق

motor

....

موتورسیکلت

politiewagen

....

ماشین پلیس

racewagen

....

ماشین مسابقه

huurauto

....

ماشین کرایه ای

carpoolen

به اشتراک گذاری اتوموبیل

sleepwagen

جرثقیل

vuilniswagen

ماشین حمل زباله

motor

موتور

benzine

بنزین

benzinestation

پمپ بنزین

verkeersbord

تابلو راهنمایی و رانندگی

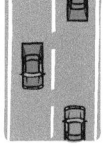

verkeer

عبور و مرور

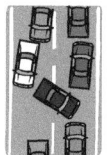

file

ترافیک

parkeerplaats

پارکینگ

station

ایستگاه قطار

sporen

ریل راه آهن

trein

قطار

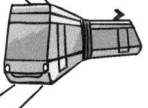

tram

قطار برقی

wagon

واگن

helikopter

هلیکوپتر

luchthaven

فرودگاه

toren

برج

passagier

مسافر

container

کانتینر

karton

کارتن

kar

گاری

mand

سبد

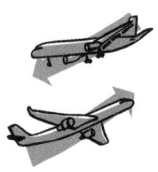

opstijgen / landen

به پرواز درآمدن / فرود آمدن

stad

شهر

dorp

دهکده

stadscentrum

مرکز شهر

huis

خانه

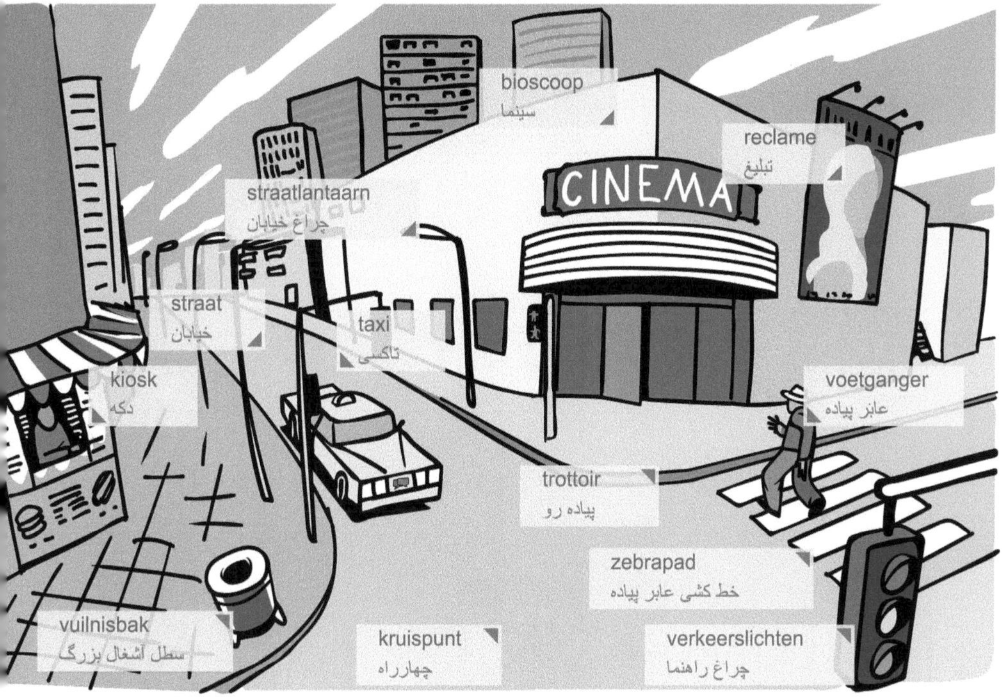
bioscoop
سینما
CINEMA
reclame
تبلیغ
straatlantaarn
چراغ خیابان
straat
خیابان
taxi
تاکسی
kiosk
دکه
voetganger
عابر پیاده
trottoir
پیاده رو
zebrapad
خط کشی عابر پیاده
vuilnisbak
سطل آشغال بزرگ
kruispunt
چهارراه
verkeerslichten
چراغ راهنما

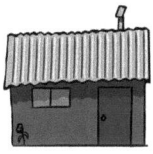

hut

کلبه

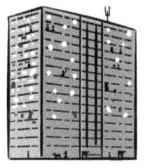

woning

آپارتمان

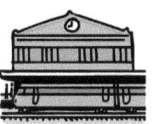

station

ایستگاه قطار

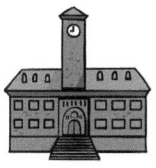

stadshuis

ساختمان شهرداری

MUSEUM

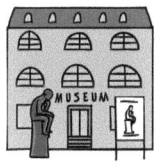

museum

موزه

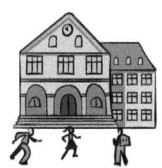

school

مدرسه

universiteit

دانشگاه

bank

بانک

ziekenhuis

بیمارستان

hotel

هتل

apotheek

داروخانه

kantoor

اداره

boekwinkel

کتابفروشی

winkel

مغازه

bloemenwinkel

گل فروشی

supermarkt

سوپرمارکت

markt

بازار

warenhuis

فروشگاه بزرگ

vishandelaar

ماهی فروش

winkelcentrum

مرکز خرید

haven

بندر

park

پارک

bank

نیمکت

brug

پل

trap

پله

metro

مترو

tunnel

تونل

bushalte

ایستگاه اتوبوس

bar

میخانه

restaurant

رستوران

brievenbus

صندوق پست

straatnaambord

تابلوی خیابان

parkeermeter

دستگاه پارکومتر

zoo

باغ وحش

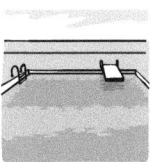

zwembad

استخر شنای عمومی

moskee

مسجد

boerderij

مزرعه

milieuverontreiniging

آلودگی محیط زیست

kerkhof

قبرستان

kerk

کلیسا

speelplaats

زمین بازی

tempel

معبد

landschap

چشم انداز

blad
برگ

wegwijzer
تابلوی راهنمای مسیر

weg
راه

weide
چمنزار

steen
سنگ

boom
درخت

wandelaar
راه نورد

rivier
رودخانه

gras
چمن

bloem
گل

vallei

دره

heuvel

تپه

meer

دریاچه

bos

جنگل

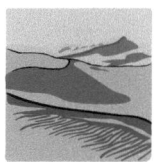

woestijn

بیابان

vulkaan

کوه آتشفشان

kasteel

قلعه

regenboog

رنگین کمان

paddenstoel

قارچ

palmboom

درخت نخل

mug

پشه

vlieg

مگس

mier

مورچه

bijl

زنبور

spin

عنکبوت

kever

سوسک

kikker

قورباغه

eekhoorn

سنجاب

egel

جوجه تیغی

haas

خرگوش صحرایی

uil

جغد

vogel

پرنده

zwaan

قو

wild zwijn

گراز

hert

گوزن نر

eland

گوزن شمالی

dam

سد آب

windturbine

توربین بادی

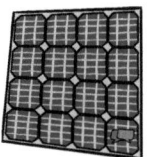

zonnepaneel

صفحه ی خورشیدی

klimaat

آب و هوا

ober
پیشخدمت رستوران

menu
منوی غذا

stoel
صندلی

soep
سوپ

pizza
پیتزا

bestek
سرویس کارد و قاشق و چنگال

tafelkleed
رومیزی

voorgerecht
پیش‌غذا

hoofdgerecht
غذای اصلی

nagerecht
دسر

drankjes
نوشیدنی ها

eten
غذا

fles
بطری

fastfood

فست فود

street food

اغذیه خیابانی

theepot

قوری

suikerpot

قندان

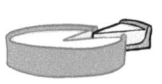

portie

پُرس غذا

espressomachine

دستگاه اسپرسو

kinderstoel

صندلی پایه بلند غذاخوری بچه

rekening

صورتحساب

dienblad

سینی

mes

چاقو

vork

چنگال

lepel

قاشق

theelepel

قاشق چایخوری

serviette

دستمال سفره

glas

لیوان

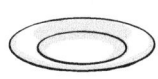

bord

بشقاب

soepbord

بشقاب سوپخوری

schoteltje

نعلبکی

saus

سس

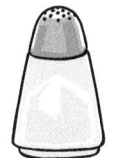

zoutvatje

نمکدان

pepermolen

فلفل ساب

azijn

سرکه

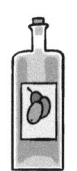

olie

روغن خوراکی

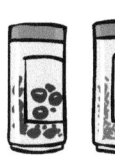

kruiden

ادویه جات

ketchup

سس کچاپ

mosterd

سس خردل

mayonaise

سس مایونز

supermarkt

سوپرمارکت

aanbieding
پیشنهاد ویژه
FOR
klant
مشتری
zuivelproducten
لبنیات
fruit
میوه جات
winkelwagen
چرخ دستی خرید

slagerij

قصابی

bakkerij

نانوایی

wegen

وزن کردن

groenten

سبزیجات

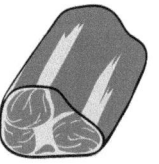

vlees

گوشت

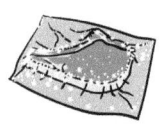

diepvriesvoedsel

غذای منجمد

charcuterie

مخلوطی از انواع کالباس یا پنیر که ورقه ای بریده شده باشند

conserven

غذای کنسروی

waspoeder

پودر لباسشویی

snoep

شیرینی جات

huishoudproducten

لوازم خانگی

schoonmaakproducten

ماده شوینده و پاک کننده

verkoopster

فروشنده

kassa

صندوق پرداخت

kassier

صندوقدار

boodschappenlijstje

لیست خرید

openingstijden

ساعات کار

portefeuille

کیف پول

kredietkaart

کارت اعتباری

tas

کیف

plastieken zakje

کیسه ی پلاستیکی

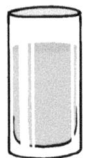

drankjes

نوشیدنی ها

water

آب

sap

آبمیوه

melk

شیر

cola

نوشابه کوکاکولا

wijn

شراب

bier

آبجو

alcohol

الکل

cacao

کاکائو

thee

چای

koffie

قهوه

espresso

قهوه اسپرسو

cappuccino

کاپوچینو

banaan

موز

appel

سیب

sinaasappel

پرتقال

meloen

انواع هندوانه و خربزه

citroen

لیمو

wortel

هویج

knoflook

سیر

bamboe

نی بامبو

ajuin

پیاز

champignon

قارچ

noten

آجیل

noodles

ماکارونی

spaghetti

اسپاگتی

rijst

برنج

salade

سالاد

frieten

سیب زمینی سرخ کرده

gebakken aardappelen

سیب زمینی سرخ شده

pizza

پیتزا

hamburger

همبرگر

sandwich

ساندویچ

kalfslapje

شنیتسل

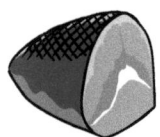

ham

ژامبون خوک

salami

سالامی

worst

سوسیس

kip

مرغ

braden

نوعی گوشت سرخ شده

vis

ماهی

eten - غذا

havervlokken

جوی پرک شده

muesli

نوعی صبحانه مخلوطی از برگه ذرت و میوه های خشک شده و خشکبار که معمولا با شیر خورده می شود

cornflakes

کورنفلکس

bloem

آرد

croissant

کرواسان

pistolet

نان بروتشن

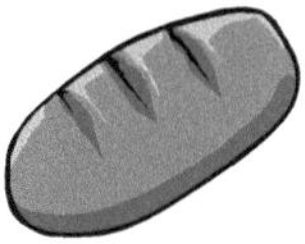

brood

نان

toast

نان تست

koekjes

بیسکویت

boter

کره

kwark

کشک

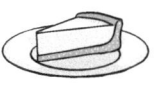

taart

کیک

ei

تخم مرغ

spiegelei

تخم مرغ نیمرو

kaas

پنیر

ijs

بستنی

suiker

شکر

honing

عسل

confituur

مربا

choco

کرم شکلاتی بادامی

curry

ادویه کاری

boerderij

مزرعه

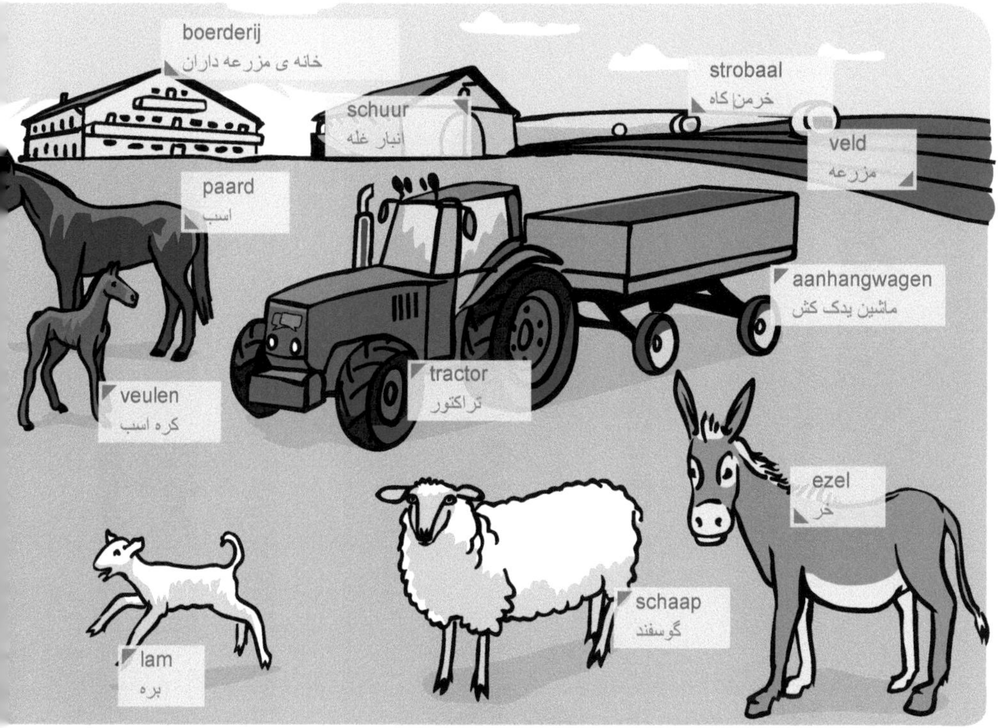
boerderij
خانه ی مزرعه داران
schuur
انبار غله
strobaal
خرمن گاه
veld
مزرعه
paard
اسب
aanhangwagen
ماشین یدک کش
tractor
تراکتور
veulen
کره اسب
ezel
خر
schaap
گوسفند
lam
بره

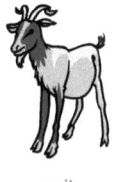

geit

بز

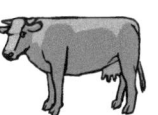

koe

گاو ماده

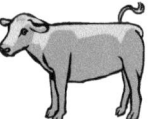

kalf

گوساله

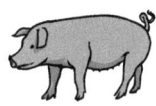

varken

خوک

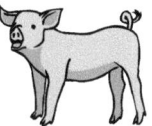

biggetje

بچه خوک

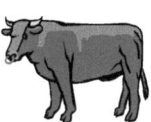

stier

گاو نر

gans

غاز

eend

اردک

kuiken

جوجه

kip

مرغ

haan

خروس

rat

موش صحرایی

kat

گربه

muis

موش

os

گاو نر اخته

hond

سگ

hondenhok

لانه ی سگ

tuinslang

شلنگ باغبانی

gieter

آبپاش

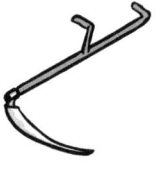

zeis

داس دسته بلند

ploeg

گاوآهن

sikkel

داس

schoffel

کج بیل

hooivork

چنگک باغبانی

bijl

تبر

kruiwagen

فرقون

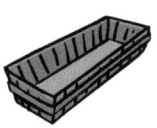

trog

آبشخور

melkkan

بطری نگهداری شیر

zak

کیسه

hek

حصار

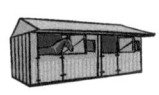

stal

اصطبل

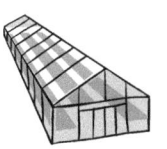

broeikas

گلخانه

bodem

خاک

zaad

بذر

mest

کود

maaidorser

ماشین کمباین

oogsten

برداشت کردن محصول

oogst

محصول

yam

تمیس

tarwe

گندم

soja

سویا

aardappel

سیب زمینی

maïs

ذرت

koolzaad

کلزا

fruitboom

درخت میوه

maniok

گیاه مانیوک

graan

غلات

huis
خانه

schoorsteen
دودکش
dak
پشت بام
regenpijp
ناودان
raam
پنجره
garage
گاراژ
deurbel
زنگ در
deur
در
vuilnisbak
سطل آشغال
brievenbus
صندوق مراسلات
tuin
باغ

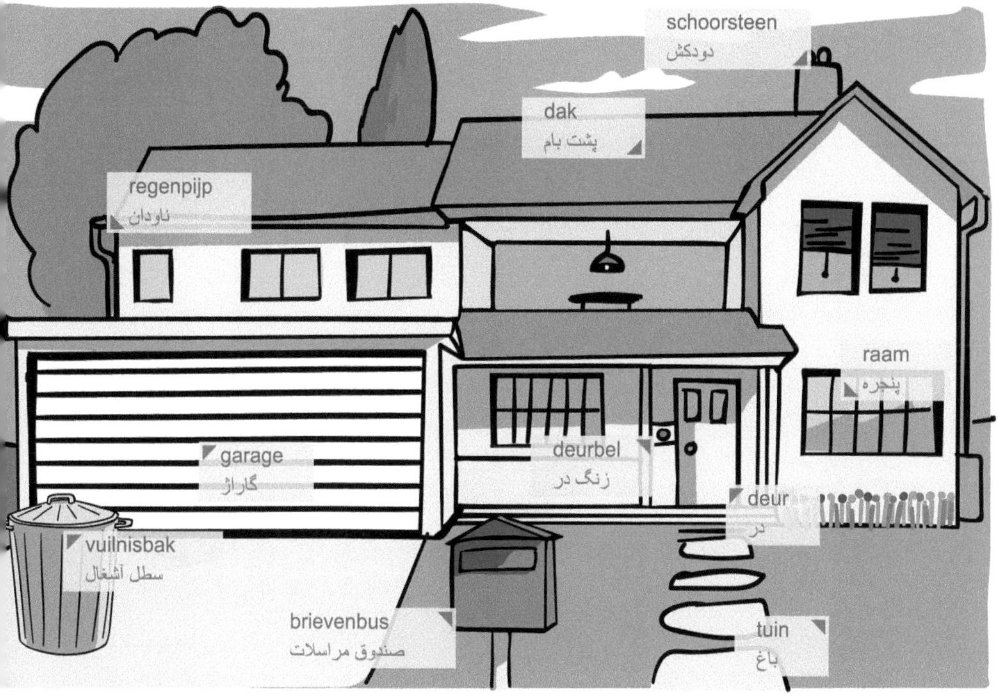

woonkamer

اتاق نشیمن

badkamer

حمام

keuken

آشپزخانه

slaapkamer

اتاق خواب

kinderkamer

اتاق بچه

eetkamer

ناهارخوری

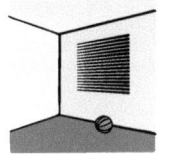

vloer

کف زمین

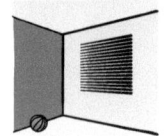

muur

دیوار

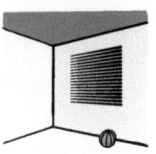

plafond

سقف

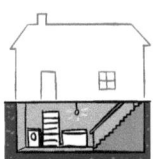

kelder

زیرزمین

sauna

سونا

balkon

بالکن

terras

تراس

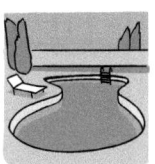

zwembad

استخر

grasmaaier

ماشین چمن‌زنی

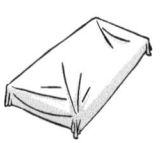

dekbedovertrek

ملافه

dekbed

روتختی

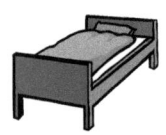

bed

تخت خواب

bezem

جارو

emmer

سطل

schakelaar

سویچ یا کلید

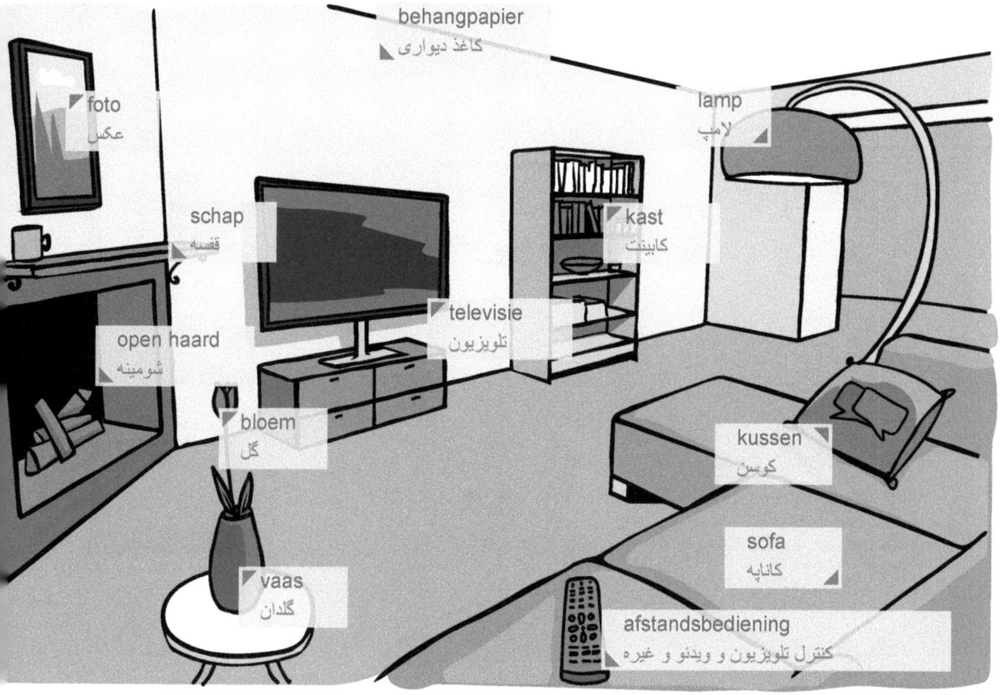

behangpapier
کاغذ دیواری

foto
عکس

lamp
لامپ

schap
قفسه

kast
کابینت

open haard
شومینه

televisie
تلویزیون

bloem
گل

kussen
کوسن

sofa
کاناپه

vaas
گلدان

afstandsbediening
کنترل تلویزیون و ویدئو و غیره

mat

فرش

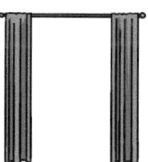

gordijn

پرده

tafel

میز

stoel

صندلی

schommelstoel

صندلی گهواره ایی

fauteuil

صندلی راحتی

boek

كتاب

deken

لحاف

decoratie

دكوراسيون

brandhout

هيزم

film

فيلم

stereo-installatie

دستگاه ضبط صوت

sleutel

كليد

krant

روزنامه

schilderij

تابلو نقاشى

poster

پوستر

radio

راديو

notitieboekje

دفترچه يادداشت

stofzuiger

جاروبرقى

cactus

كاكتوس

kaars

شمع

keuken
آشپزخانه

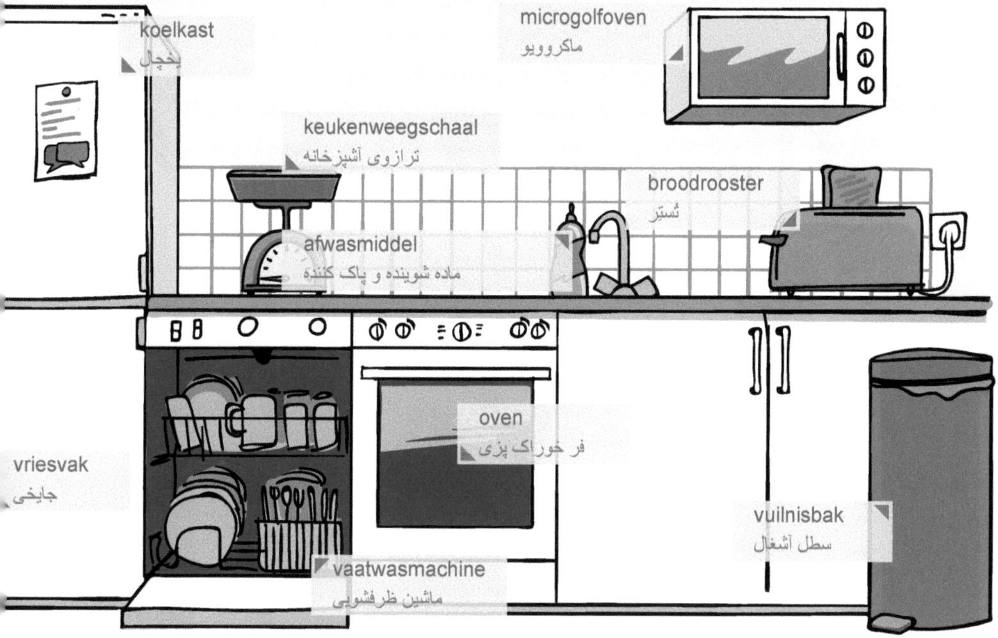

koelkast
یخچال
microgolfoven
ماکروویو
keukenweegschaal
ترازوی آشپزخانه
broodrooster
تُستر
afwasmiddel
ماده شوینده و پاک کننده
oven
فر خوراک پزی
vriesvak
جایخی
vuilnisbak
سطل آشغال
vaatwasmachine
ماشین ظرفشویی

fornuis
اجاق گاز

pot
قابلمه

gietijzeren pot
قابلمه چدنی

wok / kadai
ماهی تابه گود

pan
ماهی تابه

waterkoker
کتری

keuken - آشپزخانه 35

stoomkoker

بخارپز

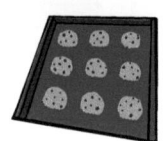

bakplaat

سینی فر

servies

ظرف چینی آشپزخانه

mok

لیوان

kom

کاسه

eetstokjes

چاپستیک

pollepel

ملاقه

spatel

کفگیر

garde

همزن

vergiet

آبکش

zeef

آبکش

rasp

رنده

mortier

هاون

barbecue

باربیکیو

haardvuur

محل مخصوص افروختن آتش

snijplank

تخته گوشت و سبزی

deegrol

وردنه

kurkentrekker

در بطری بازکن

blik

قوطی

blikopener

در قوطی بازکن

pannenlap

دستگیره پارچه ای

gootsteen

سینک ظرفشویی

borstel

برس گردگیری

spons

اسفنج

blender

مخلوط کن

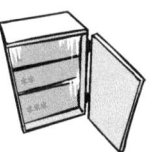

vriezer

فریزر

papfles

شیشه شیر بچه

kraan

شیر آب

badkamer

حمام

douche
دوش
verwarming
بخاری
handdoek
حوله
douchegordijn
پرده ی حمام
bubbelbad
حمام کف
badkuip
وان حمام
glas
لیوان
wasmachine
ماشین لباسشویی
kraan
شیر آب
tegels
کاشی
kinderpo
لگن دستشویی کودکان
gootsteen
سینک ظرفشویی

toilet

توالت

hurktoilet

توالت ایرانی

bidet

کاسه توالت

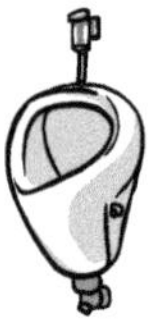

urinoir

توالت مخصوص آقایان

toiletpapier

دستمال توالت

toiletborstel

فرچه توالت

tandenborstel

مسواک

tandpasta

خمیردندان

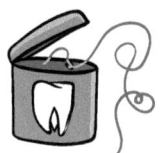

flosdraad

نخ دندان

wassen

شستن

handdouche

دوش آب تلفنی

bidethanddouche

شلنگ توالت

waskom

لگن روشویی

rugborstel

برس شست و شوی پشت

zeep

صابون

douchegel

شامپو بدن

shampoo

شامپو

washandje

لیف حمام

afvoer

راه آب

crème

کرم

deodorant

اسپری دئودورانت

spiegel

آیینه

handspiegel

آیینه ی کوچک دستی

scheermes

تیغ ریش تراشی

scheerschuim

کف ریش تراشی

aftershave

افترشیو

kam

شانه ی سر

borstel

برس

haardroger

سشوار

haarlak

اسپری مو

make-up

آرایش

lippenstift

رژلب

nagellak

لاک ناخن

watten

پنبه

nagelknipper

قیچی ناخن

parfum

عطر

toilettas

کیف لوازم آرایشی و بهداشتی

kruk

چهارپایه

weegschaal

ترازو

badjas

حوله ی پالتویی

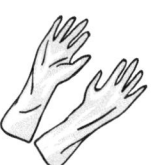

latex handschoenen

دستکش ظرفشویی

tampon

تامپون

maandverband

نوار بهداشتی

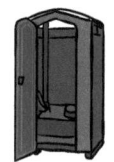

chemisch toilet

توالت سیار

kinderkamer

اتاق بچه

wekker
ساعت زنگدار
knuffel
نوعی عروسک نرم به شکل حیوانات
speelgoedauto
ماشین اسباب بازی
rammelaar
جغجغه
poppenhuis
خانه ی عروسکی
geschenk
کادو

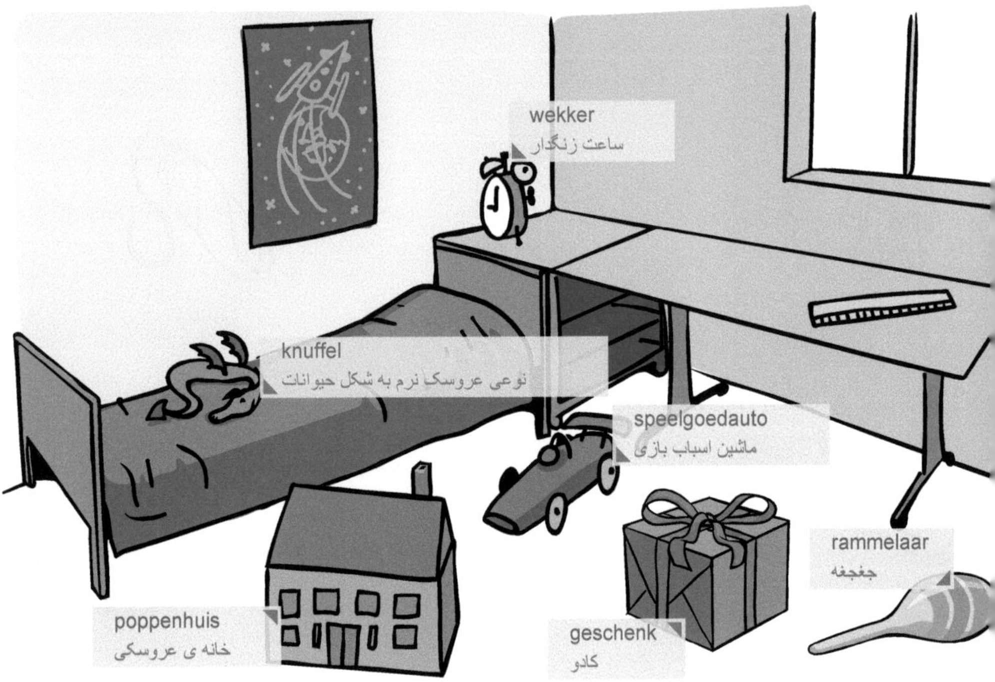

ballon

بادکنک

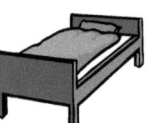

bed

تخت خواب

kinderwagen

کالسکه بچه

spel kaarten

بازی ورق

puzzel

پازل

stripboek

داستان مصور

legoblokjes

اسباب بازی لگو

blokken

خانه سازی

actiefiguur

عروسک شخصیت های فیلم و کارتون

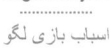

kruippakje

لباس نوزاد

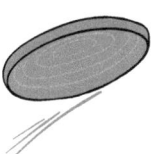

frisbee

فریزبی

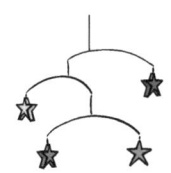

mobiel

نوعی اسباب بازی که روی تخت نوزاد
یا کودک نصب می شود

bordspel

بازی روی صفحه

dobbelsteen

تاس

modelspoorweg

قطار اسباب بازی

fopspeen

پستانک

feest

مهمانی

prentenboek

کتاب مصور

bal

توپ

pop

عروسک

spelen

بازی کردن

zandbak

جعبه شنی مخصوص بازی کودکان

schommel

تاب

speelgoed

اسباب بازی

spelconsole

کنسول بازی های کامپیوتری

driewieler

سه چرخه

knuffelbeer

خرس عروسکی

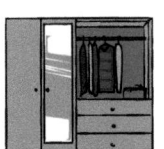

kleerkast

کمد لباس

kleding

لباس

sokken

جوراب

kousen

جوراب زنانه ساق بلند

maillot

جوراب شلواری

sjaal
شال

paraplu
چتر

T-shirt
تی شرت

riem
کمربند

laarzen
پوتین

sneakers
کفش ورزشی کتانی

slippers
دمپایی

sandalen

صندل

schoenen

کفش

rubberlaarzen

چکمه پلاستیکی

onderbroek

شرت

beha

سوتین

onderhemd

جلیقه

lichaam

بادی

broek

شلوار

jeans

جین

rok

دامن

blouse

بلوز

hemd

پیراهن

trui

پولیور

capuchontrui

سویی شرت

blazer

نوعی کت

jas

ژاکت

jas

کت بلند

regenjas

بارانی

kostuum

لباس نمایش

jurk

لباس

trouwjurk

لباس عروس

pak

كت و شلوار

nachthemd

لباس خواب زنانه

pyjama

پیژامه

sari

ساری

hoofddoek

روسری

tulband

عمامه

boerka

برقع

kaftan

قبا

abaya

عبا

badpak

لباس شنا

zwembroek

شرت شنا

short

شلوارک

trainingspak

لباس ورزشی

schort

پیشبند

handschoenen

دستکش

knoop

دکمه

bril

عینک

armband

دستبند

ketting

گردنبند

ring

انگشتر

oorbel

گوشواره

pet

کلاه لبه دار

kapstok

چوب لباسی

hoed

کلاه

das

کراوات

rits

زیپ

helm

کلاه ایمنی

bretellen

بند شلوار

schooluniform

لباس مدرسه

uniform

لباس فرم

slabbetje

پیش بند بچه

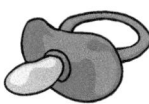

fopspeen

پستانک

luier

پوشک بچه

kantoor

اداره

server
سرور
dossierkast
کمد نگهداری پرونده
printer
چاپگر
papier
کاغذ
monitor
مانیتور
muis
ماوس
bureau
میز تحریر
map
زونکن
toestenbord
صفحه کلید
papiermand
سبد کاغذ باطله
computer
کامپیوتر
stoel
صندلی

koffiemok

لیوان قهوه

rekenmachine

ماشین حساب

internet

اینترنت

laptop

لپ تاپ

brief

نامه

bericht

پیغام

gsm

تلفن همراه

netwerk

شبکه ی ارتباطی

kopieerapparaat

دستگاه فتوکپی

software

نرم افزار

telefoon

تلفن

stopcontact

پریز

fax

دستگاه فاکس

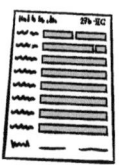

formulier

فرم

document

مدرک

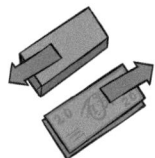

kopen

خریدن

betalen

پرداخت کردن

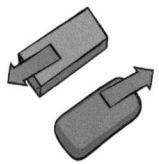

handelen

تجارت کردن

geld

پول

dollar

دلار

euro

یورو

yen

ین

roebel

روبل

Zwitserse frank

فرانک سوئیس

Chinese renminbi

یوان رنمینبی

roepie

روپیه

geldautomaat

دستگاه خودپرداز

wisselkantoor

صرافی

goud

طلا

zilver

نقره

olie

نفت

energie

انرژی

prijs

قیمت

contract

قرارداد

belasting

مالیات

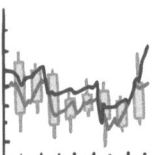

aandeel

سهام سرمایه

werken

کار کردن

werknemer

کارمند

werkgever

کارفرما

fabriek

کارخانه

winkel

مغازه

politieagent
مامور پلیس

brandweerman
آتش نشان

piloot
خلبان

dokter
دكتر

kok
آشپز

tuinman

باغبان

timmerman

نجار

naaister

خياط زنانه

rechter

قاضی

chemicus

شيميدان

acteur

بازيگر

buschauffeur

راننده اتوبوس

taxichauffeur

راننده تاکسی

visser

ماهیگیر

schoonmaakster

نظافتچی زن

dakdekker

سقف ساز

ober

پیشخدمت رستوران

jager

شکارچی

schilder

نقاش

bakker

نانوا

elektricien

برقکار

bouwvakker

کارگر ساختمانی

ingenieur

مهندس

slager

قصاب

loodgieter

لوله کش

postbode

پستچی

soldaat

سرباز

architect

معمار

kassier

صندوقدار

bloemist

گل فروش

kapper

آرایشگر

conducteur

مامور کنترل بلیط در قطار

mecanicien

مکانیک

kapitein

ناخدا

tandarts

دندانپزشک

wetenschapper

دانشمند

rabbijn

عالم یهودی

imam

امام

monnik

راهب

geestelijke

کشیش

werktuigen
ابزارآلات

hamer
چکش
tang
انبردست
schroevendraaier
پیچ گوشتی
schroefsleutel
آچار
zaklamp
چراغ قوه

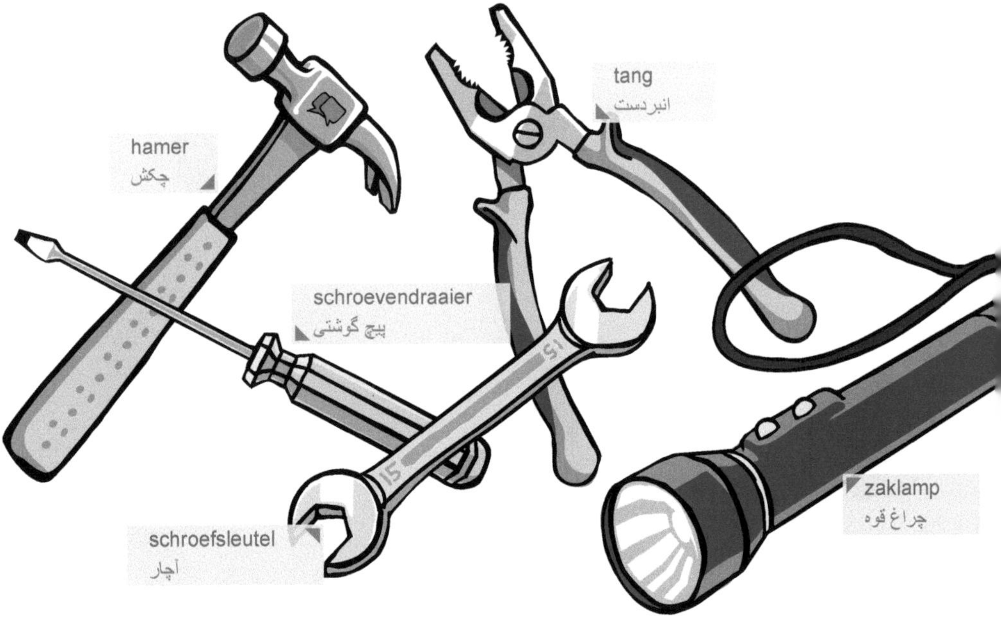

graafmachine

بیل مکانیکی

gereedschapskoffer

جعبه ابزار

ladder

نردبان

zaag

ارّه

spijkers

میخ

boormachine

مته

repareren

تعمیر کردن

schop

بیل

Verdomme!

لعنتی!

blik

خاک انداز

verfpot

سطل رنگرزی

schroeven

پیچ

muziekinstrumenten
آلات موسیقی

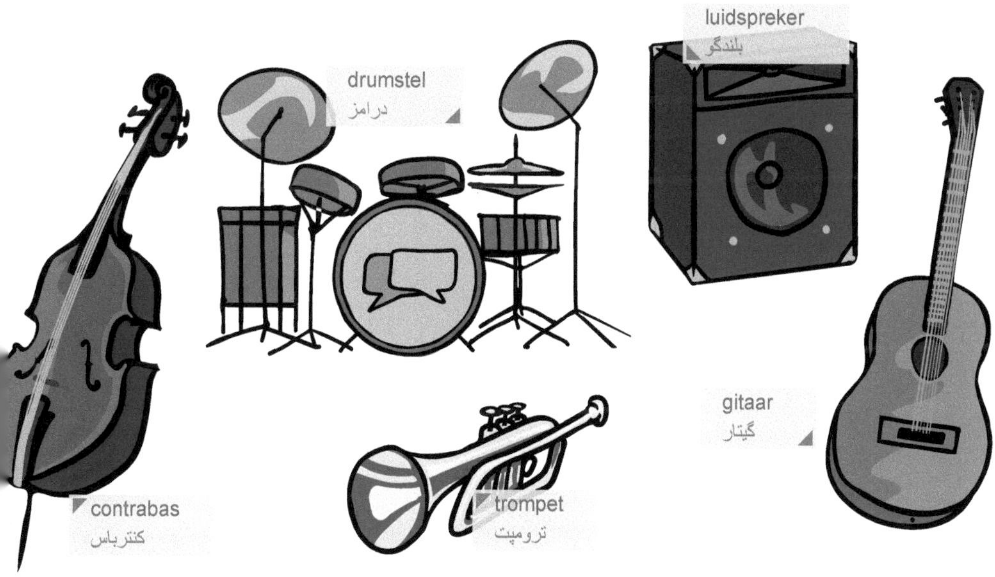

luidspreker

بلندگو

drumstel

درامز

gitaar

گیتار

contrabas

کنترباس

trompet

ترومپت

piano

پیانو

viool

ویولن

basgitaar

گیتار بیس

pauk

تیمپانی

trommels

طبل

keyboard

کیبورد الکتریک

saxofoon

ساکسیفون

fluit

فلوت

microfoon

میکروفون

ZOO
باغ وحش

ingang
ورودی
tijger
ببر
kooi
قفس
zebra
گورخر
diereneten
خوراک حیوانات
panda
خرس پاندا

dieren

حیوانات

olifant

فیل

kangoeroe

کانگورو

neushoorn

کرگدن

gorilla

گوریل

beer

خرس

kameel

شتر

struisvogel

شترمرغ

leeuw

شیر

aap

میمون

flamingo

فلامینگو

papegaai

طوطی

ijsbeer

خرس قطبی

pinguïn

پنگوئن

haai

کوسه

pauw

طاووس

slang

مار

krokodil

تمساح

dierenverzorger

نگهبان باغ وحش

zeehond

خوک آبی

jaguar

پلنگ امریکایی

pony

اسب کوچک

luipaard

پلنگ

nijlpaard

اسب آبی

giraffe

زرافه

adelaar

عقاب

wild zwijn

گراز

vis

ماهی

zeeschildpad

لاک پشت

walrus

شیرماهی

vos

روباه

gazelle

غزال

sporten
ورزش ها

rugby
فوتبال آمریکایی
wielrennen
دوچرخه سواری
tennis
تنیس
basketbal
بسکتبال
zwemmen
شنا
boksen
بوکس
ijshockey
هاکی روی یخ

voetbal
فوتبال

badminton
بدمینتون

atletiek
دوومیدانی

handbal
هندبال

skiën
اسکی

polo
پولو

activiteiten
فعالیت ها

springen
پریدن
knuffelen
بغل کردن
lachen
خندیدن
wandelen
راه رفتن
zingen
آواز خواندن
dromen
رؤیا دیدن
bidden
دعا کردن
kussen
بوسیدن

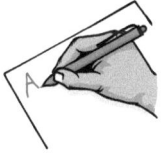

schrijven
نوشتن

tekenen
رسم کردن

tonen
نشان دادن

duwen
هل دادن

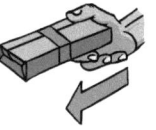

geven
دادن

nemen
برداشتن

hebben

داشتن

doen

انجام دادن

zijn

بودن

staan

ایستادن

lopen

دویدن

trekken

کشیدن

gooien

پرتاب کردن

vallen

افتادن

liggen

دراز کشیدن

wachten

منتظر بودن

dragen

حمل کردن

zitten

نشستن

aankleden

لباس پوشیدن

slapen

خوابیدن

ontwaken

بیدار شدن

activiteiten - فعالیت ها

kijken naar

تماشا کردن

wenen

گریه کردن

aaien

نوازش کردن

kammen

شانه کردن

praten

حرف زدن

begrijpen

فهمیدن

vragen

پرسیدن

luisteren

شنیدن

drinken

آشامیدن

eten

خوردن

opruimen

مرتب کردن

houden van

عاشق بودن

koken

پختن

rijden

رانندگی کردن

vliegen

پرواز کردن

zeilen

قایقرانی کردن

rekenen

محاسبه کردن

Lezen

خواندن

leren

یاد گرفتن

werken

کار کردن

trouwen

ازدواج کردن

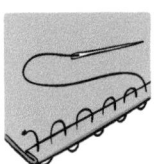

naaien

دوختن

tandenpoetsen

مسواک زدن

doden

کشتن

roken

سیگار کشیدن

sturen

فرستادن

grootmoeder
مادربزرگ

grootvader
پدربزرگ

vader
پدر

moeder
مادر

baby
کودک

dochter
فرزند دختر

zoon
فرزند پسر

gast

مهمان

tante

خاله، عمه

oom

دایی، عمو

broer

برادر

zus

خواهر

lichaam

بدن

voorhoofd
پیشانی
oog
چشم
schouder
شانه
vinger
انگشت دست
gezicht
صورت
kin
چانه
hand
دست
been
ساق پا
borst
سینه
arm
بازو

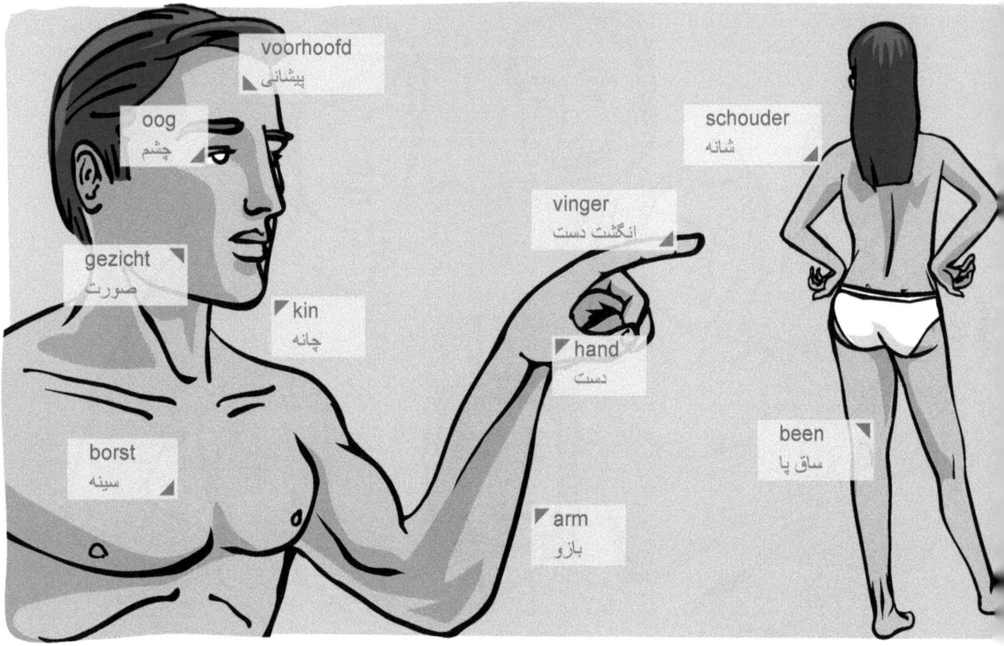

baby

کودک

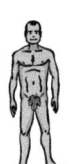

man

مرد

vrouw

زن

meisje

دختربچه

jongen

پسربچه

hoofd

کله

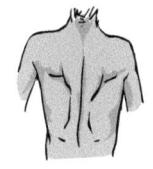

rug

كمر

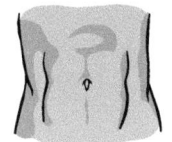

buik

شكم

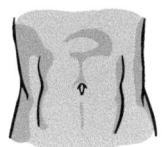

navel

ناف

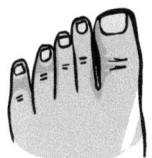

teen

انگشت پا

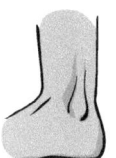

hiel

پاشنه

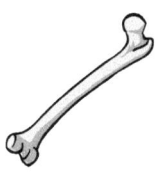

bot

استخوان

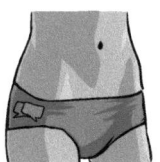

heup

لگن

knie

زانو

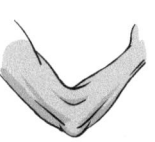

elleboog

آرنج

neus

بینی

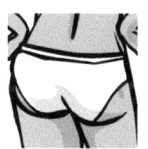

zitvlak

نشیمنگاه

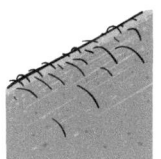

huid

پوست

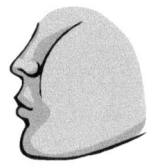

wang

گونه

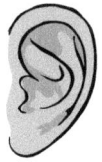

oor

گوش

lip

لب

mond

دهان

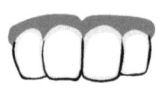

tand

دندان

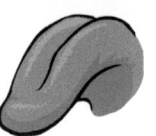

tong

زبان

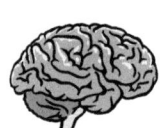

hersenen

مغز

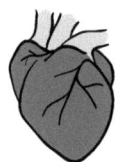

hart

قلب

spier

عضله

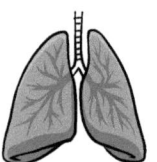

long

ریه

lever

کبد

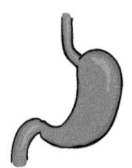

maag

معده

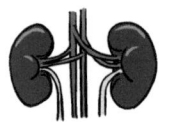

nieren

کلیه

seks

آمیزش جنسی

condoom

کاندوم

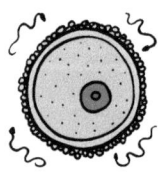

eicel

تخمک

sperma

اسپرم

zwangerschap

حاملگی

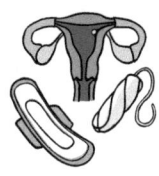

menstruatie

پریود

vagina

واژن

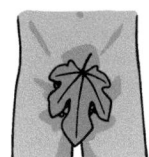

penis

آلت تناسلی مرد

wenkbrauw

ابرو

haar

مو

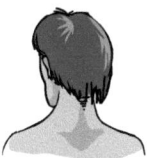

nek

گردن

ziekenhuis
بیمارستان

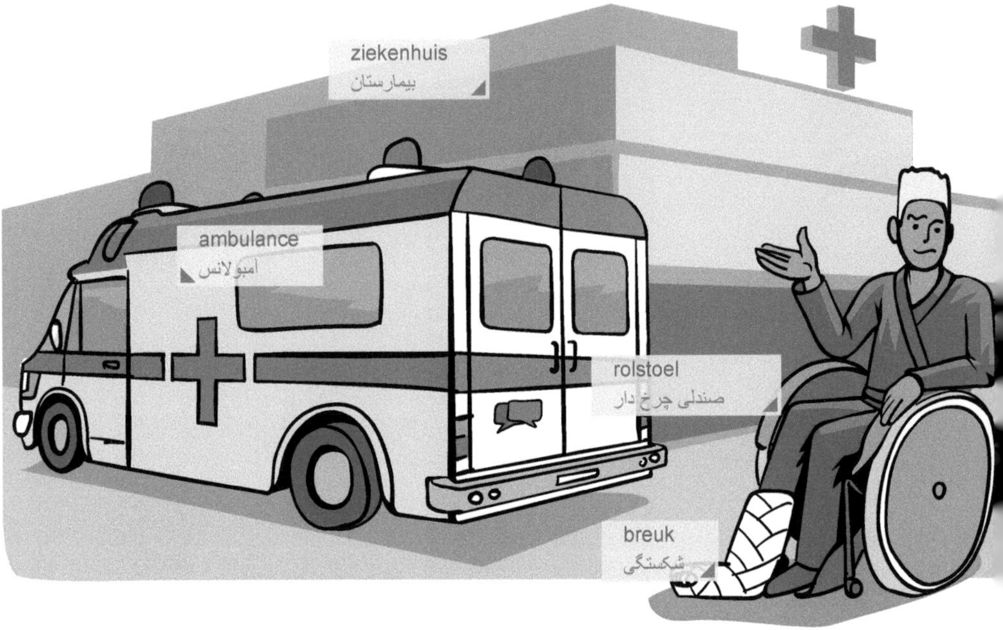

ambulance
آمبولانس

rolstoel
صندلی چرخ دار

breuk
شکستگی

dokter

دکتر

spoed

بخش اورژانس

verpleegkundige

پرستار

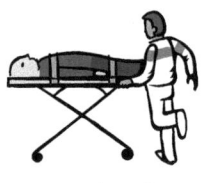

noodgeval

موقعیت اضطراری

bewusteloos

بی هوش

pijn

درد

verwonding

مصدومیت

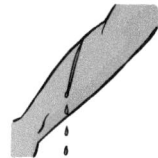

bloeding

خونریزی

hartaanval

سکته قلبی

beroerte

سکته مغزی

allergie

آلرژی

hoest

سرفه

koorts

تب

griep

آنفولانزا

diarree

اسهال

hoofdpijn

سردرد

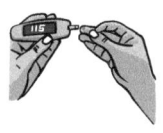

kanker

سرطان

diabetes

دیابت

chirurg

جراح

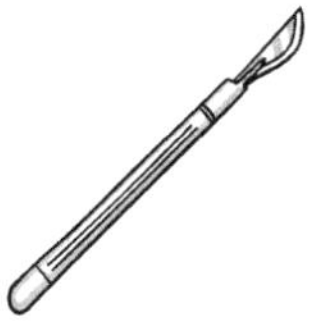

scalpel

چاقوی جراحی

operatie

عمل جراحی

CT

سی تی اسکن

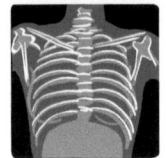

röntgenstraal

پرتونگاری

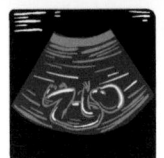

ultrageluid

سونوگرافی

gezichtsmasker

ماسک صورت

ziekte

بیماری

wachtkamer

اتاق انتظار

kruk

چوب زیر بغل

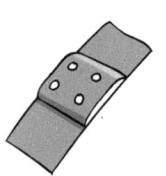

pleister

چسب زخم

verband

پانسمان

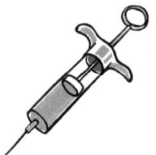

injectie

تزریق

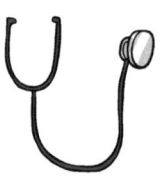

stethoscoop

گوشی طبی

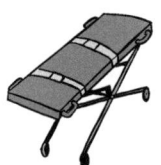

brancard

برانکار

thermometer

دماسنج

geboorte

زایش

overgewicht

اضافه وزن

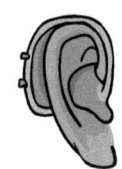

hoorapparaat

سمعک

ontsmettingsmiddel

ماده ضد غفونی کننده

infectie

عفونت

virus

ویروس

HIV / AIDS

اچ آی وی / ایدز

medicijn

دارو

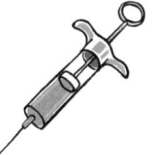

vaccinatie

واکسیناسیون

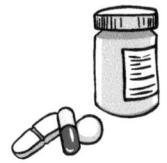

tabletten

قرص

pil

قرص ضد حاملگی

noodoproep

تماس اظطراری

bloeddrukmeter

دستگاه اندازه گیری فشارخون

ziek / gezond

مریض / سالم

noodgeval

موقعیت اضطراری

Help!

کمک!

alarm

آژیر خطر

overval

حمله

aanval

حمله ی فیزیکی

gevaar

خطر

nooduitgang

خروج اظطراری

Brand!

آتش

brandblusser

کپسول آتش‌نشانی

ongeval

تصادف

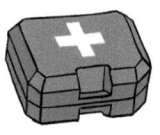

EHBO-kit

جعبه کمک های اولیه

SOS

درخواست کمک

politie

پلیس

aarde

کره زمین

Europa

اروپا

Noord-Amerika

آمریکای شمالی

Zuid-Amerika

آمریکای جنوبی

Afrika

آفریقا

Azië

آسیا

Australië

استرالیا

Atlantische Oceaan

اقیا نوس اطلس

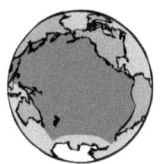

Stille Oceaan

اقیانوس آرام

Indische Oceaan

اقیانوس هند

Antarctische Oceaan

اقیا نوس اطلس جنوبی

Arctische Oceaan

اقیانوس منجمد شمالی

Noordpool

قطب شمال

Zuidpool

قطب جنوب

Antarctica

قاره قطب جنوب

aarde

کره زمین

land

سرزمین

zee

دریا

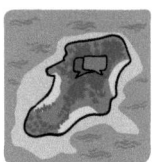

eiland

جزیره

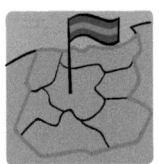

natie

ملت

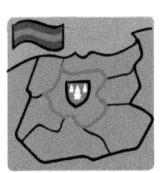

staat

کشور

klok
ساعت

wijzerplaat

صفحه ی ساعت

uurwijzer

ساعت شمار

minuutwijzer

دقیقه شمار

secondewijzer

ثانیه شمار

Hoe laat is het?

ساعت چند است؟

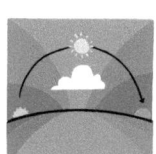

dag

روز

tijd

زمان

nu

اکنون

digitale horloge

ساعت دیجیتال

minuut

دقیقه

uur

ساعت

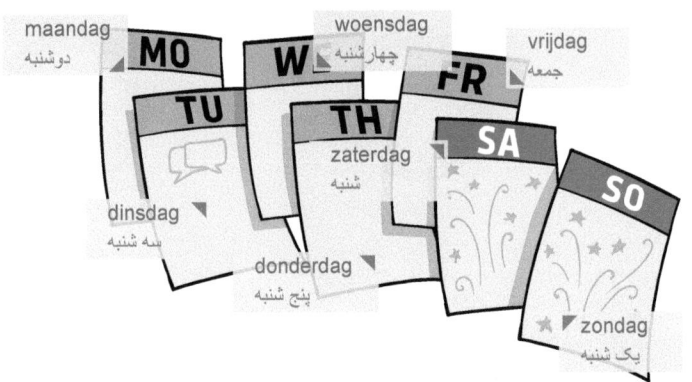

week

هفته

maandag
دوشنبه
woensdag
چهارشنبه
W
vrijdag
جمعه
zaterdag
شنبه
dinsdag
سه شنبه
donderdag
پنج شنبه
zondag
یک شنبه

gisteren

دیروز

vandaag

امروز

morgen

فردا

ochtend

صبح

middag

ظهر

avond

غروب

werkdagen

روزهای کاری

weekend

آخر هفته

jaar
سال

regen
باران
regenboog
رنگین کمان
wind
باد
sneeuw
برف
lente
بهار
zomer
تابستان
herfst
پاییز
winter
زمستان

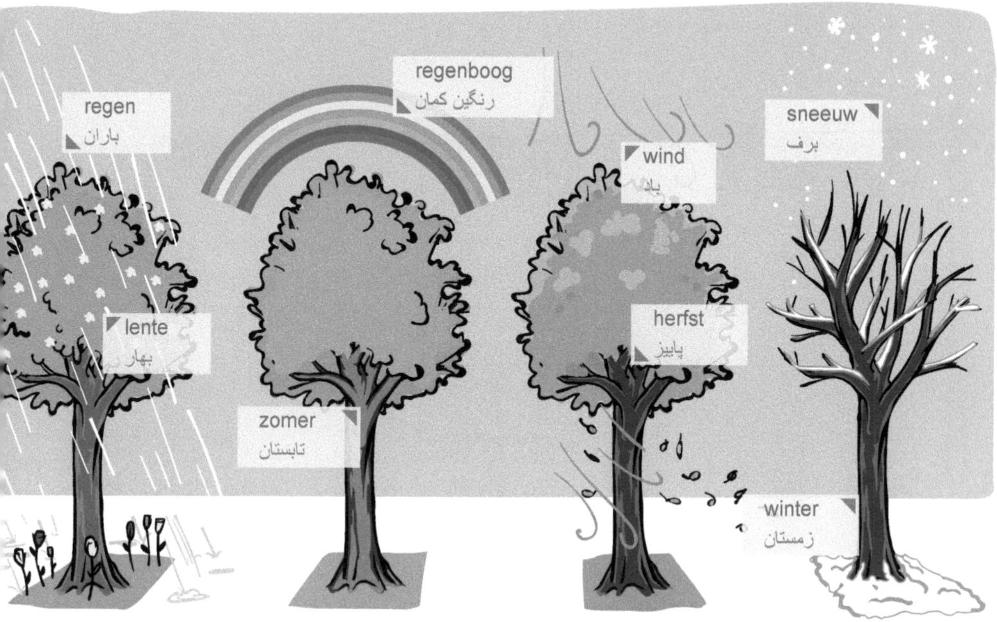

weervoorspelling

پیش‌بینی اوضاع جوی

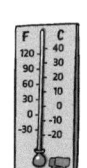

F

thermometer

دماسنج

zonneschijn

تابش آفتاب

wolk

ابر

mist

مه

vochtigheid

رطوبت هوا

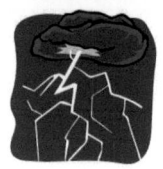

bliksem

صاعقه

donder

آسمان غره

storm

طوفان

hagel

تگرگ

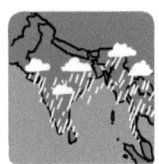

moesson

باد موسمی

overstroming

سیل

ijs

یخ

januari

ژانویه

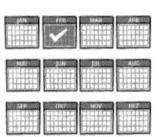

februari

فوریه

maart

مارس

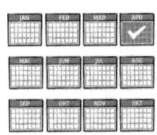

april

آوریل

mei

مه

juni

ژوئن

juli

ژوئیه

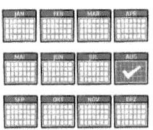

augustus

آگوست

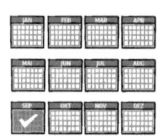

september

سپتامبر

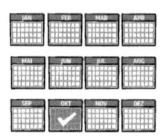

oktober

اُکتبر

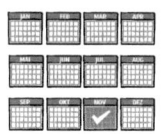

november

نوامبر

december

دسامبر

vormen

آشکال

cirkel

دایره

kwadraat

مربع

rechthoek

مستطیل

driehoek

سه گوش

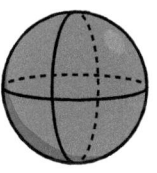

bol

گره

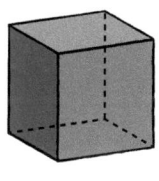

kubus

مکعب مربع

kleuren

رنگ ها

wit

سفید

geel

زرد

oranje

نارنجی

roze

صورتی

rood

قرمز

paars

بنفش

blauw

آبی

groen

سبز

bruin

قهوه ای

grijs

خاکستری

zwart

سیاه

tegengestelden

متضاد ها

veel / weinig

خیلی / کم

boos / kalm

خشمگین/ آرام

mooi / lelijk

زیبا / زشت

begin / einde

شروع / پایان

groot / klein

بزرگ / کوچک

licht / donker

روشن / تیره

broer / zus

برادر / خواهر

proper / vuil

تمیز / آلوده

volledig / onvolledig

کامل / ناقص

dag / nacht

روز / شب

dood / levend

مرده / زنده

breed / smal

پهن / باریک

eetbaar / oneetbaar

قابل خوردن / غیر قابل خوردن

kwaadaardig / vriendelijk

غضبناک / مهربان

opgewonden / verveeld

هیجان زده / بی حوصله

dik / dun

چاق / لاغر

eerst / laatst

اولین / آخرین

vriend / vijand

دوست / دشمن

vol / leeg

پر / خالی

hard / zacht

سفت / نرم

zwaar / licht

سنگین / سبک

honger / dorst

گرسنگی / تشنگی

ziek / gezond

مریض / سالم

illegaal / legaal

غیرقانونی / قانونی

intelligent / dom

باهوش / خنگ

links / rechts

چپ / راست

dichtbij / veraf

نزدیک / دور

nieuw / gebruikt

نو / استفاده شده

niets / iets

هیچ چیز / چیزی

oud / jong

پیر / جوان

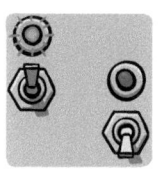

aan / uit

روشن / خاموش

open / dicht

باز / بسته

stil / luid

آهسته / بلند

rijk / arm

ثروتمند / فقیر

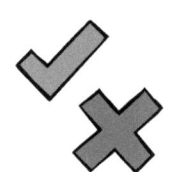

juist / fout

درست / غلط

ruw / glad

زبر / صاف

droevig / blij

غمگین / خوشحال

kort / lang

کوتاه / بلند

traag / snel

کند / تند

nat / droog

تر / خشک

warm / koud

گرم / خنک

oorlog / vrede

جنگ / صلح

cijfers

اعداد

0	1	2
nul	één	twee
صفر	یک	دو
3	4	5
drie	vier	vijf
سه	چهار	پنج
6	7	8
zes	zeven	acht
شش	هفت	هشت
9	10	11
negen	tien	elf
نه	دَه	یازده

12
twaalf
دوازده

13
dertien
سیزده

14
veertien
چهارده

15
vijftien
پانزده

16
zestien
شانزده

17
zeventien
هفده

18
achtien
هجده

19
negentien
نوزده

20
twintig
بیست

100
honderd
صد

1.000
duizend
هزار

1.000.000
miljoen
میلیون

Talen

زبان ها

Engels

انگلیسی

Amerikaans Engels

انگلیسی آمریکایی

Chinees (Mandarijn)

چینی ماندارین

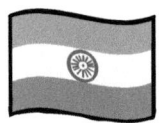

Hindi

هندی

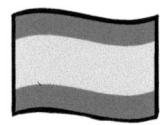

Spaans

اسپانیایی

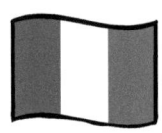

Frans

فرانسوی

Arabisch

عربی

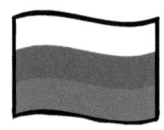

Russisch

روسی

Portugees

پرتغالی

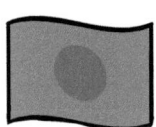

Bengali

بنگالی

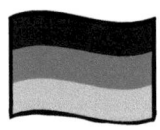

Duits

آلمانی

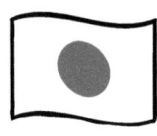

Japans

ژاپنی

wie / wat / hoe
چه کسی / چه چیزی / چگونه

ik

من

u

تو

hij / zij / het

او

wij

ما

u

شما

ze

آنها

wie?

چه کسی؟ کی؟

wat?

چی؟

hoe?

چگونه؟

waar?

کجا؟

wanneer?

کی؟

naam

نام

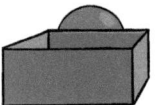

waar
کجا

achter

پشت

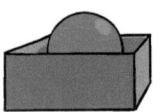

in

توی

voor

جلو

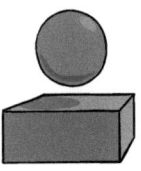

boven

بالای

op

روی

onder

زیر

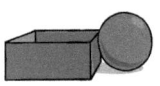

naast

مجاور

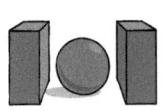

tussen

بین

plaats

مکان